LES
FOURNITURES DE BUREAU

CHANSONS

SUR DES MOTS DONNÉS ET TIRÉS AU SORT

PAR LES MEMBRES DU CAVEAU.

PARIS,

IMPRIMERIE APPERT ET VAVASSEUR,

PASSAGE DU CAIRE, 54.

—

1853.

LES
FOURNITURES DE BUREAU

CHANSONS

SUR DES MOTS DONNÉS ET TIRÉS AU SORT

PAR LES MEMBRES DU CAVEAU.

PARIS,

IMPRIMERIE APPERT ET VAVASSEUR,

PASSAGE DU CAIRE, 54.

—

1853.

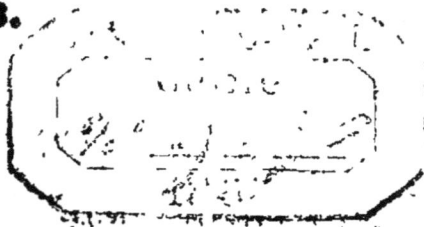

AVERTISSEMENT.

Les chansons que contient ce petit recueil, ont été faites pour un Banquet annuel (dit *Banquet d'Été*), qui a eu lieu le 31 juillet 1853, à Saint-Denis, chez M. GISQUET, membre titulaire.

LES FOURNITURES DE BUREAU

HORS - D'OEUVRE.

Lettre au confrère Gisquet, par l'Auteur
de l'ÉPINGLE.

« Un grand dîner sans *hors-d'œuvre,*
« serait aussi peu de mise qu'une jolie
« femme sans rouge. »
(GRIMAUD DE LA REYNIÈRE.)

Pour ne pas assister à notre gai banquet,
    Où la chanson, comme un bouquet,
  Part au dessert et répand ses largesses;

Pour ne pas me trouver avec l'ami *Gisquet,*
    Dont la muse, au minois coquet,
  Avec esprit lance ses gentillesses;

Pour ne pas admirer, en tirant le loquet,
    Sa fabrique où l'huile à quinquet
  Dispute au gaz ses lucides richesses;

Pour ne pas contempler son verdoyant bosquet,
    Où bien des *Madelon-Friquet*
    Voudraient cacher leurs gaillardes faiblesses ;

Bref, pour ne pas vouloir entendre le caquet
    Du pinson, aîlé freluquet,
    Chantant partout ses amours, ses prouesses :

Il faudrait que je fusse un fameux bourriquet,
    Un plaisant paltoquet,
        Un roquet,
        Un criquet ;
    Ou *Monsieur Bilboquet*,
    Réduit au berniquet,
Disant : *Il le fallllait*.... à bout de ses espèces ;
Ou que j'eusse, en un mot, rhume, goutte ou hoquet,
    Les genoux battant le briquet,
Des cors, des durillons de toutes les espèces ;
    Les pieds cloués à mon parquet,
    Le derrière dans un baquet,
    Et cent épingles dans les fesses ! ! !

                    Justin Cabassol,
                    Membre titulaire.

LE CANIF ET LE TAILLE-PLUME.

FABLE.

Un Canif, sans emploi, disait au Taille-plume
Gisant à ses côtés : Tu m'as fait un grand tort,
Après moi, l'on t'oublie ; aux coups affreux du sort,
Vas-tu me répéter encor qu'on s'accoutume ?

—Non ! reprend son voisin, je conviens franchement
Que la Plume de fer, transfuge d'Angleterre,
      Objet de ton ressentiment,
Me cause tous les jours des accès de colère ;
Son triomphe nous perd, contre elle liguons-nous,
Un commun intérêt à cela nous engage ;
La Plume d'Oie aussi se démène et fait rage,
      Tirons parti de son courroux.

   La Plume d'Oie à ma coupe exercée,
Riposte le Canif, doit ses brillants succès ;
L'autre en vain s'évertue, elle n'aura jamais
L'estime où, par mes soins, son aînée est placée.
      Grâce à mon art, de l'expert écrivain,
      En bâtardes, rondes, coulées,
      Gothiques et lettres moulées,
Elle a fait admirer et rechercher la main.

Une Plume de fer ne peut, par sa nature,
Que produire toujours une même écriture,
Ou fine, ou maigre, et qu'on ne lirait point
Sans l'aide d'une loupe ou de bonnes lunettes.
    Cela posé, j'aborde un second point,
Et mes conclusions n'en seront pas moins nettes.

    Voyez ce troupeau d'écoliers,
Dans chaque pension noircir de beaux papiers
Glacés, doux au toucher, c'est chose indispensable !
Sinon, le bec d'acier arrêté, dérouté,
Crache l'encre, se tord ; le vélin est gâté.
Ces bambins, dis-je, assis, penchés sur une table,
Font, *sans se copier,* une exemple semblable.
Quelque maître qu'on ait, toujours même leçon,
    On n'écrit que d'une façon.
    Les bons parents chantent merveilles
En vantant le progrès, hélas ! sans se douter
Des inconvénients qui doivent résulter,
  De rencontrer partout des mains pareilles,
    Belles, sans doute, la beauté
    N'existe plus sans la diversité.

Que tout homme soit beau, toute femme jolie,
Et qu'ils ressemblent tous au type qui leur plaît,
    Bientôt, à leurs yeux je parie
Qu'en devenant trop beau le monde sera laid.

Or, si le moule unique est nuisible aux figures,
Incontestablement, il l'est aux écritures.
Que cela dure encore un peu,
Les faussaires auront beau jeu.
Plumes de fer et méthodes nouvelles,
A l'observateur attentif,
Feront regretter du canif
La coupe variée, hardie, essentielle,
Et l'enseignement primitif
Qui de l'Oie a si bien utilisé les ailes.

— Canif, mon vieux, je te dois le respect,
Envers toi je serai courtois et circonspect ;
Mais dans les fonctions, qu'avec orgueil tu cites,
La main de l'homme est, je le crois,
Indispensable, habile autant que toi,
Le plus grand de tes grands mérites,
Nest-il pas d'obéir à chaque mouvement
Qu'elle t'impose adroitement ?
Tu te vantes trop, cher confrère,
Que dirai-je donc moi, qui plus expéditif,
M'empare d'un tuyau malléable ou rétif
Et d'un seul coup, sur lui, fais la besogne entière ?

—Jamais, interrompt le Canif,
Sans que ma bonne lame, avant toi, ne l'opère !

—Bien ! mais les maladroits, les vieillards, les enfan
Emmerveillés et triomphants,

Tirent soudain de mes entrailles,
Des plumes d'excellentes tailles.
S'il me faut de leurs mains le secours obligé,
Le travail est parfait et surtout abrégé.
Tous deux faisons cause commune,
Le sort nous a frappés d'une même infortune :
Par la Plume de fer notre orgueil outragé
N'en doute pas, sera vengé.
Heureuse ou non, toute chance varie ;
La sienne changera. Des humains, peu constants,
L'engoûment, on le sait, ne dure pas longtemps.

Dans les sciences, l'industrie
Et les arts, tout progrès a fait des mécontents.

P.-J. CHARRIN,
Membre titulaire.

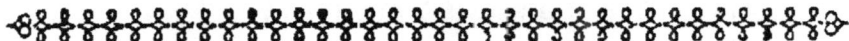

LA PLUME.

Air de l'*Angélus.*

Un fabuliste au temps jadis
Dût enfanter une harangue
Sur les mérites infinis,
Sur l'excellence de la langue;

Il prouva, le fait est certain,
Qu'il n'est rien de plus admirable,
Et démontra, le lendemain,
Qu'en plus d'un cas elle est damnable.

Mieux qu'Ésope je suis bâti,
Ce point me paraît hors de doute ;
Mais, par mon sujet abruti
Je veux partir, je reste en route.
Hélas ! ce sera donc en vain
Que le sort m'aura dit : résume,
Et cela dans un tour de main ;
Tout ce que peut faire la plume.

Et pourtant, quel brillant sujet ;
Je le sens... mais pour le bien dire
Il faudrait que de Bossuet
La plume d'aigle fût ma lyre !
Moins ambitieux, je voudrai,
Si je pouvais en être digne,
Te dérober, heureux Cambrai,
Un bout d'aile de ton doux cygne...

Si de Milton les chants divins,
Du ciel nous découvrent la gloire ;
Ouvrant le livre des destins ;
Du Tasse plaignons la mémoire,

Il immortalisa l'amour
Et le laurier du Capitole
Posé sur son front... dès ce jour,
De sa plume fut l'auréole.

Qui n'a lu de notre Buffon
Toutes les pages immortelles ;
Sa plume décrit le ciron
Pour prouver les lois éternelles.
Courbe ton front, esprit subtil,
Raison indomptable et superbe
Réponds ? le hasard seul fit-il
Le fier lion et le brin d'herbe !!...

Qui réveilla, dans leur tombeau,
Des Romains, les vieilles cohortes,
Prit notre langue à son berceau,
Et du génie ouvrit les portes.
Écoutons ces mâles accents !
Dieu ! quelle suave merveille !
Oui, nous vaincrons la nuit des temps,
Grâce à la plume de Corneille !...

Que vois-je ? l'ange du combat
Étend ses ailes sur la France,
Chaque homme est devenu soldat
Pour l'élu de la Providence.

A son aigle victorieux,
Couvert de lauriers et de poudre,
Dérobant la plume des dieux
Il fait le code, et prend la foudre.

Léon JAYBERT,
Membre associé.

LE REGISTRE.

AIR de la *Treille de Sincérité.*

Quel cuistre
Créa le registre?
Ce fut un sot en vérité;
Car rien de plus mal inventé.

Quand on couche sur un registre
Un diplomatique traité,
Souvent, du projet d'un ministre,
Par un secrétaire éventé,
Le succès se trouve arrêté.
En politique, il faut se taire;
La réussite est à ce prix:
Un coup d'Etat ne se peut faire,
Si le secret en est surpris.
Quel cuistre, etc.

Des registres de la mairie,
Plus d'une femme à son amant,
Voudrait, quand elle se marie,
Du moins avant le sacrement,
Epargner le désagrément.
Qu'importe l'acte de naissance?
Rien de plus faux qu'un tel extrait.
La beauté toujours s'en dispense ;
On a l'âge que l'on paraît.

    Quel cuistre, etc.

Le rentier qui, sur le grand livre,
A deux cent mille écus comptant ;
Paisiblement ne saurait vivre,
Car il redoute à chaque instant
Tous ceux qui n'en ont pas autant.
Mais nul souci ne l'importune
Lorsque seul il connaît son bien ;
Or, pour jouir de sa fortune,
Il faut que l'on n'en sache rien.

    Quel cuistre, etc.

Un amant qui, de ses maîtresses,
Consigne les noms tour à tour,
Est indigne de leurs caresses,
Car la tendre fleur de l'amour
Se fane à l'éclat du grand jour.

Ne nous exposons pas au risque
De susciter bien des jaloux,
En marquant par un astérisque
Les beaux yeux qui brillent pour nous.
     Quel cuistre, etc.

J'approuve assez d'une grisette
Le registre fort curieux :
Son corps recevait en cachette
Le nom de tous ses amoureux,
Avec un emblême autour d'eux.
Cette maligne créature
Leur présentait un compromis,
Pour prouver, par leur signature,
Que dedans on les avait mis.
     Quel cuistre, etc.

Si j'enregistrais, chaque année,
Comme les Thraces d'autrefois,
Le résultat de ma journée,
A peine, au bout de douze mois,
Verrais-je un jour heureux sur trois.
Du bien et du mal la balance
Peut-être alors me conduirait
A prendre en haine l'existence,
Quand elle a pour moi tant d'attraits.
     Quel cuistre, etc.

2

Si cette chanson détestable,
Dont je tiens la fin, Dieu merci !
S'oubliait au sortir de table,
Je ne prendrais aucun souci
D'avoir aussi mal réussi.
Mais, hélas ! dans ce réfectoire,
Tout ce qu'on chante est mis en bloc,
Et, pour en garder la mémoire,
Nous avons un registre *ad hoc.*

Quel cuistre
Créa le registre ?
Ce fut un sot en vérité ;
Car rien de plus mal inventé.

F. DE CALONNE,
Membre honoraire.

LE GRATTOIR.

AIR du Vaudeville *de Préville et Taconnet.*

Ce petit meuble, instrument précieux,
Qui du canif est le frère fidèle,
Sur mon bureau, toujours devant mes yeux,
Pour corriger mes torts se tient en sentinelle.

La plume est prompte et les esprits distraits ;
Maint vétéran de la bureaucratie,
Écrit sans lire et se corrige après :
O mon grattoir, que je te remercie !

Pauvre commis, j'ai transcrit bien des fois,
Tout en songeant à quelque chansonnette,
Procès-verbaux, décrets, traités et lois,
Tout le grimoire enfin que le légiste arrête.
Un certain jour j'introduis un refrain
Dans un décret sur les cuirs de Russie ;
Rien n'y parut ; je t'avais sous la main :
O mon grattoir, que je te remercie !

Pendant six mois, Lucie eut mon ardeur ;
Avec le temps l'amour, hélas ! nous quitte ;
Aujourd'hui Rose a su charmer mon cœur :
Cette lettre lui dit le transport qui m'agite.
Envoyons-la... Mais grand Dieu ! qu'ai-je écrit ?
Sur le couvert j'ai mis encor Lucie ;
Changeons ce nom qu'un feu nouveau proscrit :
O mon grattoir, que je te remercie !

Auprès de moi bien faible est ton pouvoir ;
Mais Asmodée ailleurs va te conduire !
Il est bon diable et me permet de voir
Les erreurs qu'en chemin ta lame va détruire.

Il te remet aux mains d'un usurier,
Qui, tout honteux de sa note grossie,
Gratte un total que je devais payer :
O mon grattoir, que je te remercie !

Ce jeune peintre est lourd dans ses tableaux,
Et ta présence est chez lui nécessaire :
Trop de couleurs surchargent ses pinceaux :
Où l'ombre se produit va porter la lumière.
Par toi son œuvre a pris un ton nouveau,
Et chaque forme, avec grâce adoucie,
Éveille en lui le sentiment du beau :
O mon grattoir, que je te remercie !

Crains le faussaire aux coupables projets ;
Sa main est leste et son regard sinistre :
Pour t'exercer sur de dignes objets,
Entre dans le bureau d'un intègre ministre ;
On lui soumet la feuille des secours,
Mais il y trouve un nom qui la vicie ;
Pour l'enlever tu prêtes ton concours :
O mon grattoir, que je te remercie !

Sur cette liste, où je vois des proscrits,
Puisqu'Asmodée à ma voix te dépose,
Gratte les noms de ceux dont les écrits
Dans un moment d'erreur de l'exil sont la cause.

Mais si plus tard, démagogues toujours,
Leur plume hélas! à l'erreur s'associe,
Promets-moi bien d'effacer leurs discours :
O mon grattoir, que je te remercie !

Cours effacer tous les sots quolibets,
Tous ces marchés que la morale abjure,
Ces plaidoyers, espèce de pamphlets,
Où l'avocat distille et le fiel et l'injure.
Gratte ces mots au sens conjectural,
Fort usités dans la diplomatie,
Mais dont gémit l'orgueil national :
O mon grattoir, que je te remercie !

Pour un moment descends au noir séjour,
Près de ce livre où la mort inhumaine
Inscrit les noms des sujets qu'à sa cour
Elle doit appeler pour peupler son domaine.
Si ceux que j'aime y sont déjà tracés,
Grâce à tes soins, que mon cœur apprécie,
Qu'ils soient soudain avec art effacés :
O mon grattoir, que je te remercie !

Mais te voilà revenu près de moi ;
Fort à propos c'est me prouver ton zèle ;
Plus que jamais j'avais besoin de toi,
Car pour te célébrer ma muse était rebelle.

Tu vas pouvoir retrancher à ton gré
Bien des accents privés de poésie ;
Chaque couplet sera régénéré :
O mon grattoir, que je te remercie !

AUGUSTE GIRAUD,
Membre titulaire.

PHYSIOLOGIE DE L'ÉPINGLE.

AIR de la *Valse des Comédiens*,
OU de la *Petite Margot*.

Je suis piquante ; et si parfois j'arrache,
Sur mes travers ne criez pas : holà !
Lorsque je pique, on sait bien que j'attache :
N'a pas qui veut cet avantage-là.

Ma tête est forte, et ma taille est polie,
En me voyant on me croit faite au tour ;
Ma parenté se trouve en Normandie :
C'est le pays qui m'a donné le jour (1).

Sous le roi *Jean,* dame de haut parage
M'utilisa, malgré des yeux jaloux :

(1) Le département de l'*Orne* possède principalement des fabriques d'épingles.

Gentil *Saintré*, tu compris mon langage (1)
Et profitas de galants rendez-vous.

De *Figaro*, la maîtresse charmante,
Vengea l'hymen par un adroit billet :
Pour rendre alors l'aventure piquante,
Elle me mit en guise de cachet.

Allant depuis dans la simple chaumière,
J'ai su fixer sur un mur pastoral,
Du *Juif-Errant* l'image un peu grossière,
Ou le portrait du *Petit-Caporal.*

Un jour *Lafitte* avec soin me ramasse,
Et son patron augure sur ce fait,
Que le commis économe et sagace
De la finance atteindra le sommet (2).

Sous les Bourbons (c'est noté dans l'histoire),
Ma sœur a fait de l'opposition :
Peu s'en fallut qu'alors l'*épingle noire*
Ne transperça la Restauration (3).

(1) On sait les amours de *Jéhan de Saintré* avec la *Dame des Belles Cousines.*

(2) M. *Perrégaux*, banquier, pronostiqua en effet que M. *Laffitte* deviendrait une puissance financière.

(3) La conspiration de l'*Épingle noire* a eu du retentissement sous la branche aînée.

Rosette au bois pour presser sa monture,
En badinant m'ôte de son giron :
L'âne rétif, sensible à ma piqûre,
Prend le galop sous ce fol éperon (1).

L'insecte ailé qui, dans l'air, se balance,
Brillant captif est banni du vallon ;
Ma pointe aiguë, en aide à la science,
Fait un martyr du pauvre papillon.

Dans le boudoir de la coquette Hortense,
Garde avancée aux plis de son fichu,
Des doigts hardis je punis l'insolence,
Et la défends bien mieux que sa vertu.

Du vaniteux, s'enflant à perdre haleine,
Je ris souvent, cela me fait du bien :
C'est un ballon que gonfle l'hydrogène,
D'un coup d'épingle il tombe, il n'est plus rien !

Tout en jouant avec une innocente,
L'adroit Léon provoque un tendre aveu ;
En éloignant ma personne gênante,
Il sait tirer son épingle du jeu.

Grand philanthrope, on voit monsieur Dimanche
Qui, projetant de semer ses écus,

(1) Cet usage, tout féminin, est consacré à Montmorency
comme au bois de Boulogne.

En souvenir me place sur sa manche,
Sans pour cela faire un heureux de plus.

A tous les yeux pourquoi, jeune Artémise,
Imprudemment prodiguer tes seins nus?
Qu'à ton corsage une épingle bien mise
Fasse rêver des attraits inconnus.

Joyeux Momus, qu'avec bonheur tu cingles
Le bel Arthur dans son nouvel habit :
Ce fat tiré (dit-on) à quatre épingles,
Dans sa toilette égara son esprit.

A coups de plume, un écrivain infâme
Peut vous salir, peut froisser votre orgueil ;
A coups d'épingle, une odieuse femme
Sait lentement vous conduire au cercueil.

Je suis piquante ; et si, parfois, j'arrache,
Sur mes travers ne criez pas : holà !
Lorsque je pique, on sait bien que j'attache :
N'a pas qui veut cet avantage là.

Justin CABASSOL,
Membre titulaire.

LE FIL.

AIR : *Ça va bon train.*

Dieu veuille qu'Apollon me guide,
Dans le sujet qui m'est donné,
C'est un sujet fort peu solide,
Surtout s'il n'est pas bien *tourné ;*
Mais les choses sont décidées,
Tâchons donc, par un art subtil,
De coudre à peu près mes idées
     Avec le fil.

Le fil coud le compte arbitraire
Du pauvre homme chez l'escompteur.
Le mémoire d'apothicaire
Et la facture du tailleur ;
A grands effets, petites causes,
Répondez, comment se peut-il,
Qu'on attache si lourdes choses
     Avec un fil ?

Mais qui donc coud ce gros mémoire ?
C'est l'auteur, grand homme d'Etat ;
Que de pathos, dans ce grimoire,
Quel décousu, quel style plat !
L'obscurité s'y multiplie,
Au point que c'en est incivil,
Sur l'honneur tout ça ne se *lie*
    Que par le fil.

Lisez ces feuilles authentiques,
Qu'un relieur, bientôt, coudra,
Vous verrez de grands politiques,
Que l'opinion sépara ;
Pour les rapprocher, Dieu me damne,
Tout effort eût été puéril,
Ils vont s'unir sous la basane
    Avec un fil.

A cinquante ans, peut-on le croire,
Phryné, parfois, séduit encor,
Grâce à des dents de pur ivoire,
Qu'attache, dit-on, un fil d'or ;
Au lien, ne sois pas rebelle,
Charmant râtelier de morfil,
Car la victoire de la belle
    Tient à ton fil.

Pour élever leurs édifices,
Nos devanciers cherchent l'aplomb,
Ils trouvent, après mille indices,
Qu'il est au bout d'un fil à plomb;
A l'essayer, ils se hasardent,
Et du haut des géants du Nil,
Quarante siècles nous regardent,
      Grâce à ce fil.

Du fil de la Vierge Marie
Le nom et la fragilité
Me semblent une allégorie
A la tendre virginité ;
Qu'il souffle une amoureuse brise,
Pauvre fleur toujours en péril,
Rien qu'à ce souffle elle se brise
      Comme le fil.

Sur le cou blanc de Cidalise,
Voyez-vous ces perles briller,
Soudain, hélas ! un fil se brise,
Adieu perles, adieu collier ;
Amis, tout s'envole à la ronde,
Comme au vent, tombe le pistil,
Richesse, éclat, tout, dans ce monde,
      Tient par un fil.

Tout entier, si je ne m'abuse,
J'ai déroulé mon peloton;
Je n'obtiens plus rien de ma muse,
Et dois clore ici ma chanson ;
Souffrez donc que je ne poursuive,
Tant gros, le peloton soit-il,
A la fin, il faut qu'on arrive
Au bout du fil.

D. MOINAUX,
Membre titulaire.

LE CRAYON.

AIR du Vaudeville du *Premier prix*.

Le sort toujours plein de malice
En m'imposant ce mot donné
Vous rend un très mauvais service,
Car je n'ai jamais dessiné ;
Pour que ma tâche soit facile
Que n'ai-je en cette occasion
De Gavarni, Cham et Granville
Et le talent et le *crayon*.

5

Le dimanche quand tout engage
A fuir Paris, cet autre enfer,
Pour gagner quelque frais ombrage
On va droit au chemin de fer ;
L'un prend sa canne, un autre aligne
Un rifflard de précaution,
Le pêcheur emporte sa ligne
Et les artistes leur *crayon.*

J'ai parmi vous plus d'un confrèr
Qui griffonne dans les bureaux,
Souvent, sans doute il a dû faire
Des états et des bordereaux,
Et pour ce travail qui nous pèse
Disons-le sans confusion,
Nous serions fort mal à notre aise
Sans la règle et sans le *crayon.*

Muni de son carnet fidèle
L'agent de change achètera ;
C'est la fortune qu'il appelle
La misère lui répondra :
Tel autre aujourd'hui sans ressource
Demain carotte un million ;
Pour perdre ou gagner à la bourse
Il suffit d'un coup de *crayon.*

Utile et modeste il se cache
Dans son enveloppe de bois,
Et là, lui, qui jamais ne crache
Sert de plume et d'encre à la fois.
Des beaux arts instrument fidèle
Au chef-d'œuvre il sert d'embryon,
Que serait la riche aquarelle
Sans le trait du pauvre *crayon*.

Que la nature est riche et belle,
Combien son charme nous séduit ;
Aussi l'homme enflammé pour elle
De cent façons la reproduit,
Et Dieu donne à sa créature,
Avec l'imagination,
L'art qui dessine la nature
Et pour dessiner le *crayon*.

Ne jugeons pas sur l'apparence,
Le visage est souvent trompeur,
Tel semble rempli d'indulgence
Qui n'a que du fiel dans le cœur ;
Rarement l'homme se devine
Par sa configuration,
Au lieu que ce n'est qu'à la mine
Que l'on peut juger le *crayon*.

D'une épreuve photographique
Voyez les détails merveilleux,
Contemplez ce dessin magique
Qui confond l'esprit et les yeux ;
Pour produire une œuvre semblable
Du soleil il faut un rayon
Et cet artiste inimitable
Ne taille jamais son *crayon.*

Pour forger cette œuvre nouvelle
J'ai pris un crayon tout entier,
Souffre-douleur de ma cervelle
Il a gâté bien du papier ;
Sous mon canif qui le maltraite
Il se meurt de consomption,
Plus j'allonge ma chansonnette
Plus je raccourcis mon *crayon.*

Vous connaissez ma modestie,
Aussi je le dis sans orgueil,
Ma chanson sera, je parie,
La gloire de votre recueil...
Mais, ô revers !... et voyez comme
Je me faisais illusion :
Toirac arrive avec sa gomme
Et vient effacer mon *crayon.*

Hippolyte MARIE,
Membre honoraire.

LE GUIDE-ANE.

꙾

AIR : *Faut-il donc tant se récrier.*

Il est un certain instrument,
Que le sort veut qu'ici je chante,
Qui du vieillard et de l'enfant
Dirige la main vacillante ;
Guide-âne ou *Transparent,* voilà
Ses noms, qui sentent le profane...
Mais jadis comme il me guida,
Je vais vous chanter le *Guide-âne,*

Dans la science de *Baucher* (1),
Bien que très neuf, c'est sans emphase,
Je voudrais pourtant chevaucher
Sur le dos du rétif Pégase ;
O Dieu puissant du docte val,
Toi, dont toute science émane...
Pour guider un pareil cheval,
Daigne me prêter un *guide-âne.*

Avec un peloton de fil,
Thésée, affrontant toute crainte,

(1) Baucher, célèbre écuyer moderne.

Brava, dit-on, d'un pied subtil,
Les embûches du labyrinthe ;
S'il vainquit le monstre glouton (1),
Ce fut grâce au fil d'*Ariane*...
Je ne vois dans ce peloton
Rien autre chose qu'un *guide-âne*.

Nous vantons bien haut nos progrès,
Pourtant nous sommes en arrière ;
Le frein du lion d'*Androclès*
Était une simple lanière ;
Plus que s'il eût pris *Ilion*,
Chez nous maint dandy fait le crâne...
Pour se conduire, tel lion
Aurait grand besoin d'un *guide-âne*.

Pour tracer un billet charmant,
A son protecteur débonnaire,
Irma se sert d'un *transparent*,
Et d'un très gros dictionnaire.
De ce moyen trop dédaigné,
Elle lui dérobe l'arcane ;
Le *grison* croit à *Sévigné*...
Il est heureux grâce au *guide-âne* !

(1) Le monstre glouton, *le minotaure*.

Moustache en crocs, cravache en main,
Le dimanche, au bois de Boulogne,
Plus d'un freluquet, l'air hautain,
Maltraite un baudet sans vergogne,
Mais la ruade arrive et... net,
Meurtri tombe notre anglomane...
Le rôle change et le baudet
A son tour devient le *guide-âne.*

Pauvre innocent! Pourquoi trembler
Près de Zoé, fleur fraîche éclose ?
Brûlant d'amour tu veux parler,
Et ta bouche demeure close !
Pourtant de ce sein agité,
Que voile un tissu diaphane,
Le battement précipité
Devrait te servir de *guide-âne.*

Oui, tout est *guide-âne* ici bas...
Balance, lunette, boussole,
Niveau, montre, règle, compas...
Que la vanité se console ;
Faisons bon marché d'un orgueil
Que la saine raison condamne,
Et sachons, pour fuir maint écueil,
Nous servir à point d'un *guide-âne.*

A. SALIN,
Membre honoraire

LA CHEMISE.

AIR *du Verre.*

L'objet qu'ici je dois chanter
N'est pas ce vêtement utile
Qu'un honnête homme doit porter,
Aux champs, aussi bien qu'à la ville.
Mais, synonyme de *dossier*,
Au cabinet, surtout admise,
C'est d'une feuille de papier
Que je vais faire une chemise.

Pour réaliser mon projet
Je sentais défaillir ma veine ;
Et, quoique tenant mon sujet,
Je n'y pénétrais qu'avec peine.
Dieu ! quel eût été mon chagrin,
Si, refusant son entremise,
Ma muse m'avait, ce matin,
Forcé de venir sans chemise !

De chemises, sur mon bureau,
On trouve plus d'un exemplaire ;
Car pour soulager mon cerveau
J'en ouvre une pour chaque affaire.
Couplets d'aimables chansonniers,
Prose d'huissier, lettres de Lise ;
Amis, maîtresse ou créanciers,
Chez moi chacun a sa chemise.

Une entre autres dérobe aux yeux
Des objets un peu trop profanes,
Vers ou dessins licencieux,
Bons à montrer aux courtisanes.
Elle peut offrir en ce cas
Place à plus d'une gaillardise,
Et je ne vous nommerai pas
Tout ce que cache ma chemise.

Cédant à des transports jaloux,
Après quelques mois de ménage,
Je voyais deux jeunes époux
Prêts à rompre leur mariage !
Mais j'ai reconnu que leurs torts
Reposaient sur quelques méprises ;
Et j'ai pu finir leurs discords
Rien qu'en rapprochant leurs chemises.

Ajouter encore un couplet
Serait œuvre peu méritoire ;
Mieux vaut raccourcir mon sujet,
Que d'endormir mon auditoire.
Puis si chacun est convaincu
Que mon œuvre est une bêtise,
Amis, pour vous torcher... les doigts,
Vous pouvez prendre ma chemise !

A. BUGNOT,
Membre titulaire.

LA CIRE A CACHETER.

Le mot qu'on m'a donné m'embarrasse et me choque
J'y vois un contre-sens et même une équivoque :
Cette appellation de *Cire à cacheter*
Est un nom usurpé, nul ne peut en douter ;
Pour me justifier il faut bien vous le dire ;
Cette cire n'a pas un atôme de cire ;
D'un enduit résineux quelqu'un la composa ;
Mais son nom inexact que le sort m'imposa
Ne saurait égarer mon esprit méthodique ;
Dans toute occasion je veux être logique ;

Comment donc célébrer ce malheureux objet
Qui de mon embarras est le fatal sujet.

Raisonnons et plaçons chaque mot dans sa case ;
Avec précision décomposons la phrase :
Cire, c'est le sujet ou le nominatif ;
Le verbe *cacheter*, mis à l'infinitif
Indique l'action que la cire doit faire ;
A, préposition, est l'intermédiaire,
Lien grammatical qui réunit deux mots.
Ce simple mécanisme est connu des marmots,
C'est le début forcé d'un écolier imberbe.
Eh bien, puisque la cire est le sujet du verbe,
Les mots *à cacheter* ne peuvent, je le crois,
Servir qu'à désigner un seul de ces emplois.
Ce thème au chansonnier laisse bien peu de marge,
La *cire* peut se voir sous un aspect plus large,
Mais pour prouver mon zèle et ma docilité
Louons de cet objet la spécialité.

La cire à cacheter protégeant le mystère
Des secrets de nos cœurs est la dépositaire.
Cet enduit en bâton, odorant, coloré,
De notre confiance est souvent honoré :
Un précieux cachet, dans son humble matière,
Aux regards indiscrets oppose une barrière.
Les hommes de bureau ne sauraient s'en passer,
Mais le négociant peut bien s'en dispenser ;

Un pain à cacheter, fait de pâte commune,
Est un bon talisman aux yeux de la fortune.

Dans le monde élégant le taffetas gommé,
Scelle plus d'un billet sur papier parfumé ;
Aujourd'hui c'est la mode, et la *cire* peut-être,
Aux doigts des écrivains cessera de paraître.
Donnons lui cependant un bon certificat :
Elle est encore utile à nos hommes d'Etat ;
C'est le vieux cadenas de la diplomatie.

Fixée aux parchemins de l'aristocratie
Notre cire, en cachets larges, épais et ronds,
Présente en relief les armes des barons,
Des comtes, des marquis, des ducs, des gentilhommes
Et des preux chevaliers dont, maintenant, nous sommes
De nobles descendants ou d'injustes censeurs ;
Parmi nous quelques uns ont eu des successeurs
Qui..... mais j'arrive enfin au but que je désire ;
Cette digression m'éloigne de la cire,
J'y reviens tout de bon et pour vous répéter
Que la Cire n'est pas la Cire à cacheter.

GISQUET,
membre titulaire.

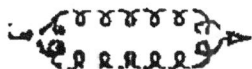

LA CIRE.

Travaillez bien, diligentes abeilles,
Flore et Zéphyre ont chassé les autans,
Le ciel est pur, sortez de vos corbeilles,
Travaillez bien pour fêter le printemps.

En butinant de faibles molécules
Vous distillez un miel délicieux,
Et vous formez vos légères cellules
D'un cérumen que j'estime encor mieux.

Sans nul effort malléable et docile,
Changeant l'aspect qu'elle offre à nos regards,
La Cire peut, sous une main habile,
Favoriser le luxe et les beaux arts.

Du sceau des rois elle reçoit l'empreinte,
Et quelquefois symbole inanimé,
Elle a les traits d'un ange, d'une sainte,
D'un objet d'art ou d'un objet aimé.

4

Dans ses écrits un amant en délire
Peut de son cœur épancher les secrets;
L'amour les dicte et c'est un peu de cire
Qui les dérobe à des yeux indiscrets.

A la chapelle où l'on fête Marie,
Recueillons-nous, une femme est en pleurs;
Mère du Christ! pendant qu'elle vous prie,
La cire brûle et calme ses douleurs.

Trésors d'amour, les sylphides sans voiles,
Dans nos salons font briller leur beauté,
Quand la bougie imitant les étoiles
Verse en bouquets son éclat argenté.

Grâce à la cire une timide vierge
Modestement s'avance vers l'autel,
Pour élever dans la flamme d'un cierge
Son âme pure aux pieds de l'Eternel.

Travaillez bien, diligentes abeilles,
Flore et Zéphyre ont chassé les autans;
Le ciel est pur, sortez de vos corbeilles,
Travaillez bien pour fêter le printemps.

GISQUET,
Membre titulaire.

L'AGENDA.

AIR : *J'arrive à pied de province.*

Dès que l'on m'eût fait connaître
Le mot que voici,
Je dis au sort, notre maître,
Mon vieux, grand merci.
Le sujet dut me sourire ;
Il m'affrianda.
Aussitôt j'ai, pour l'inscrire,
Pris mon agenda.

Ce livre n'est point futile ;
Il a mille attraits ;
C'est même le plus utile
Pour les gens distraits.
Poursuivant mainte conquête,
Au quartier Breda,
Vraiment, on perdrait la tête
Sans son agenda.

Un ami, perdant la source
    De son revenu,
Fit un emprunt sur ma bourse,
    Qu'il a mise à nu.
Depuis, oubliant la somme,
    Point ne me solda ;
Pourquoi ? c'est que le pauvre homme
    N'a point d'agenda.

Je jure de ne plus boire,
    Disait un buveur ;
Et puis il perd la mémoire
    Narguant son docteur.
Notre Grégoire, en délire,
    Alors qu'il jura,
A négligé de l'inscrire
    Sur son agenda.

Un vieux proverbe, peut-être
    Peu judicieux,
Nous dit tout net que promettre
    Et tenir sont deux.
Si tant de plaisants répètent
    Ce vieux dicton-là,
C'est que tous ceux qui promettent
    N'ont pas d'agenda.

Une gente jouvencelle,
        Dont je suis l'amant,
De m'être toujours fidèle
        A fait le serment.
Et si quelque autre grapille
        Sans qu'on dise holà !
C'est qu'hélas ! la pauvre fille
        N'a pas d'agenda.

Je voulais, je vous le jure,
        Dans ce mince écrit,
Avec une verte allure,
        Mettre un peu d'esprit.
Très bien ; mais voilà le pire,
        Conçoit-on cela ?
J'ai négligé de l'inscrire
        Sur mon agenda.

LESUEUR,
Membre titulaire.

LES CISEAUX.

AIR : *Ah! que de chagrins dans la vie* (de *Lantara.*)

Le Caveau chante cette année
Tons les articles des bureaux ;

Et la tâche qu'il m'a donnée,
C'est de célébrer les *ciseaux*,
Dans le banquet qu'il tient *extra-muros*.
De mon sujet je me fais une fête,
Je vais tâcher de le bien embrasser ;
Mais s'il ne sort qu'à peu près de ma tête,
J'ai le droit de le repasser.

Dans les ciseaux, combien de formes !
J'en vois de pointus, d'arrondis,
D'effrayants, tant ils sont énormes !
De charmants, tant ils sont petits !
De Lilliput on les croirait sortis.
Si du tondeur, à la gent moutonnière,
Les *forces* sont cause de tant d'émois,
Plus d'une belle est chaque soir bien fière
D'avoir des *monstres* dans les doigts *.

Samson, nous raconte l'histoire,
Samson, qui tant se signala,
Perdit sa chevelure noire,
Sous les ciseaux de Dalila,
Et sa vigueur aussi se perdit là.
Les Dalilas ne manquent pas en France,
A leur amour sommes-nous exposés,

(1) Les *forces* sont de très grands ciseaux, et les *monstres*
de très petits, dont les dames se servent pour leurs travaux de
broderie et autres ouvrages délicats.

Samsons où non, exigeons par prudence,.
Que les ciseaux soient déposées..

Rangez parmi les découvertes,
Si vous voulez, ce que je dis :
Les branches des ciseaux, ouvertes,.
Montrent le destin des maris,
Dans la province, aussi bien qu'à Paris.
De Damoclès, les ciseaux sont l'épée,
Pour l'élégant qui doit à son tailleur ;.
Et la fillette à l'écart attrapée,
Trouve en eux un bon défenseur.

A l'époque où dame Censure,
Nous prodiguait tous ses bienfaits,
Pour les ciseaux, je vous le jure,
C'était le bon temps ou jamais :
On coupait tout, le bon et le mauvais.
Chaque censeur tout entier à son œuvre,
De ses ciseaux pressait les mouvements...
On aurait dit, vraiment, une couleuvre,
Qui se livre à ses sifflements.

Des ciseaux, l'un des avantages,
C'est qu'avec eux, comme nouveaux,
On nous donne d'anciens ouvrages ;
Et, dites-moi, sans les ciseaux,
Que deviendraient, hélas! tous nos journaux?

Qui ne le sait?.., le meilleur publiciste
A rarement la plume dans la main,
Et les ciseaux, chez le vrai journaliste,
  Font les trois quarts de l'écrivain.

  Les ciseaux, aux mains des monarques,
    Rognent parfois les libertés.
  Les ciseaux, dans les mains des Parques,
    Mettent fin à nos jours comptés :
Le fil coupé, d'ici-bas vous partez.
Trio maudit de vieilles filandières,
Vos maigres doigts seront-ils enfin las?
Mais que vous font insultes ou prières?...
  Vos ciseaux ne s'ébrèchent pas.

                    A. DE BERRUYER,
                    Membre honoraire.

IMPROMPTU.

AIR du *Verre*.

C'est en ces lieux que saint Denis,
Ce grand saint que l'église fête

Autrefois, dit-on, de Paris,
Dans ses mains apporta sa tête.
En voyant ces vins délicats,
Que nous verse un joyeux apôtre,
Je crains que nous ne puissions pas,
A Paris, remporter les nôtres.

A. DE BERRUYER,
Membre honoraire.

LA POUDRE.

AIR du Vaudeville de *La partie fine*.

La *poudre* est le mot que le sort
Vient de m'assigner pour ma thèse ;
Plus d'une heureuse idée en sort,
Et brille exempte d'hypothèse.
En mon ambitieux désir,
Que le succès voudrait absoudre,
Ma muse, afin de le saisir,
Aux yeux doit jeter de la poudre.

La poudre qui sert à poudrer
Les billets-doux d'une Aspasie,
Par son éclat peut engendrer
Plus d'une tendre fantaisie.
Pour blanchir une Pompadour,
L'amidon, que l'on devait moudre,
Aujourd'hui ferait à l'amour
D'escampette prendre la poudre.

Poudre de toutes les couleurs,
De diamants et de salpêtre,
Poudre d'or, semblent des valeurs
Dont la foule aime à se repaître.
Mais lorsqu'en de gais arsenaux,
A puiser je dois me résoudre,
Certes je ne puis aux moineaux,
En pareil cas, tirer ma poudre.

J'aime à voir de nobles guerriers,
Qu'électrise un grand capitaine,
Jaloux de cueillir des lauriers,
Voler du Tage au Borysthène.
Ivres de leurs exploits fameux,
Ils font au loin gronder la foudre;
Mais je ne voudrais pas comme eux,
Pour vaincre, tout réduire en poudre.

Il est un point où j'envirais
L'honneur d'imiter leur vaillance :
Contre les vices je voudrais
A chaque instant rompre une lance.
Avec un Tartuffe nouveau,
Glorieux alors d'en découdre,
Me désopilant le cerveau,
Je lui ferais mordre la poudre.

Que de fois en pitié j'ai pris
Certain faiseur plein de jactance,
Bien taillé pour être compris
Au nombre des sots que l'on tance !
En l'observant dans son émoi,
Fier du glaive qu'il veut émoudre,
Que de gens diraient avec moi :
Il n'a pas inventé la poudre !

En mon rôle de scrutateur,
Étudiant l'espèce humaine,
Pour mieux démasquer l'imposteur,
J'en pénètre à fond le domaine ;
Et suivant de l'œil un Scapin,
Que dans un sac on devrait coudre,
Je me dis : De perlimpinpin,
Il lui faudrait un peu de poudre.

Vous de qui les brillants accords
Secondent l'ardeur qui m'entraîne,
En ce lieu, par esprit de corps,
Versez-moi de votre Hippocrène ;
Et lorsque tant de vers loués
Dans l'oubli doivent se dissoudre,
Au feu si mes vers sont voués,
Du moins veuillez sauver ma poudre.

ALBERT-MONTÉMONT,
Membre titulaire.

L'ÉPONGE.

Air du vaudeville de l'*Apothicaire.*

L'éponge est le nom singulier
Dont le sort a fait mon partage,
Et je crains fort de me noyer,
L'ayant pour compagne en voyage.
Le liége m'eût mieux convenu
Dans l'hippocrène quand je plonge ;

Au moins j'eusse été soutenu,
Et je m'enfonce avec l'éponge.

Je me rappelle à ce propos
Les deux ânes de La Fontaine.
Comme l'un deux, j'ai sur le dos
De quoi succomber à la peine.
On se tire d'une chanson
Avec du sel quand on l'allonge :
On risque de faire un plongeon
Quand on est chargé de l'éponge.

On peut faire sur ce sujet,
Dit-on, une chanson à boire,
En accomplissant ce projet,
De Panard, on aurait la gloire ;
Mais un tel projet serait vain
Et n'arriverait qu'au mensonge.
Vous ne buvez tous que du vin,
Et c'est l'eau qu'absorbe l'éponge.

Ma chanson n'a pas grand esprit,
Elle est triviale et mal faite,
Et j'entends de moi que l'on dit :
Il avait un sujet qui prête.

Or, si mes vers sont trop mauvais,
Si d'un malade, c'est le songe,
Mes amis, sur mes cinq couplets,
Passez, passez vite l'éponge.

CHARTREY,
Membre titulaire.

HISTOIRE D'UN CARTON.

AIR : *Amis, voici la riante semaine:*

Je sers l'Etat et remplis une place
Qui plut longtemps à ma paisible humeur ;
Sans peine on lit, en moi, ce qui se passe,
Sur un front pur, qui brilla de blancheur ;
Bon serviteur, ami sûr et fidèle,
Mon habit vert ne m'a jamais quitté ;
Par goût, je suis conservateur modèle,
Et mon bonheur, c'est la tranquillité.

Le sort me fit, dans certain ministère
Le compagnon des plus jeunes commis;
D vils objets, je fus dépositaire;
Brosses, paquets, toujours m'étaient remis

Combien alors, ambition cruelle,
Je regrettais ma douce obscurité !
Par goût, je suis conservateur modèle,
Et mon bonheur, c'est la tranquillité.

Plus tard, un chef protégea ma jeunesse,
Par lui, je sus bien des secrets du cœur,
Les billets doux, qu'il me livrait sans cesse,
En me charmant, étonnaient ma candeur ;
J'appris bientôt une langue nouvelle.
Mais d'en user, je ne fus point tenté !
Par goût, je suis conservateur modèle.
Et mon bonheur, c'est la tranquillité.

Dans le chaos des demandes nombreuses
De tous ces gens, implorant des emplois,
Sans différer, belles solliciteuses,
Avec bonheur on découvre vos droits !
Pour le pouvoir, nous prouvons notre zèle,
Quand sous ses lois nous rangeons la beauté.
Par goût, je suis conservateur modèle,
Et mon bonheur, c'est la tranquillité.

Avec un chef à l'amour moins docile,
Vint au bureau la muse des chansons ;
J'étais ravi lorsque son chant facile
De nos vieux airs mariait les doux sons !

Qui me rendra cette voix douce ét belle
Digne des jours de l'ancienne gaîté ?
Par goût, je suis conservateur modèle,
Et mon bonheur, c'est la tranquillité.

Riant destin à tous.mes vœux propices,
Bel âge d'or, vous ai-je donc perdu !
Depuis cinq ans ma vie est un supplice,
Et je me crois aux enfers descendu ;
Décrets et lois, avalanche mortelle,
Laissez-moi fuir votre flot redouté !
Epargnez-moi, conservateur modèle,
Dont le bonheur est la tranquillité !

Je veux sorir de ce dur esclavage ;
On me reçoit au Théâtre français,
Dans cet asile où le classique sage
Après trente ans espère un beau succès ;
La tragédie endort tout auprès d'elle,
Elle m'assure un repos enchanté ;
D'alexandrins, conservateur modèle,
Je veux mourir avec tranquillité.

THOREL SAINT-MARTIN.
Membre associé.

L'ÉCRITOIRE.

AIR : *Adieu, je vous fuis, bois charmant.*

Le sort, toujours aussi taquin,
En me donnant ce mot, est cause
Que mon pantalon de Nankin
Subit une métamorphose ;
Naguère, sur un air charmant,
Je veux commencer ce grimoire,
Et je commence adroitement
Par renverser mon écritoire.

L'écrivain lui doit la faveur
D'une clientèle nombreuse,
C'est un placet à l'Empereur
Ou c'est une épître amoureuse :
Si le bien lui vient lentement
C'est que notre homme, aimant à boire,
Vide son verre, apparemment,
Plus souvent que son écritoire.

Le poète, au milieu des bois,
Pour peu que sa mémoire cloche,

Aura regretté bien-des fois
De ne pas l'avoir dans sa poche :
Mais lorsqu'on porte un agenda,
En pareil cas, il est notoire
Qu'avec la peau d'âne qu'on a
On peut se passer d'écritoire.

Celui de Paul est tout en plomb,
Car Paul n'est pas dans la finance ;
Mais écrivain simple et profond,
Il le trouve à sa convenance.
Celui de Pierre est d'un grand prix,
Mais Pierre étant une mâchoire,
On donnerait tous ses écrits
Pour posséder son écritoire.

Loin d'en concevoir du courroux,
Lorsque dans un billet bien tendre,
On lui demande un rendez-vous,
Irma ne fait jamais attendre :
Et pour répondre à l'inconnu,
De sa main blanche comme ivoire,
C'est de la petite vertu
Qu'elle met dans son écritoire.

Des ennemis du papier blanc,
S'il favorise la manie,
Il ouvre, quel que soit le rang,
Les portes de l'Académie :

Tel auteur léger et mondain
Arrive aux honneurs, à la gloire,
Quand l'homme utile meurt de faim
A côté de son écritoire.

Papa, disait un matelot,
Si j'entre dans les Dardanelles ;
Sauf l'encre, j'ai tout ce qu'il faut
Pour vous donner de mes nouvelles.
Car, ajouta le fin matois,
On prétend que dans la mer Noire
On jetta l'ancre tant de fois
Qu'elle peut servir d'écritoire.

Bien qu'elle chérisse aujourd'hui
L'époux que lui donne sa mère,
La jeune fille ne dit *oui*
Qu'en entrant chez monsieur le Maire ;
Et l'hymen craintif à son tour,
Bien qu'assuré de sa victoire,
Arrache une plume à l'amour
Pour la tremper dans l'écritoire.

Sans lui, tel écrit signalé
N'aurait jamais vu la lumière,
C'est lui qui nous a révélé
Corneille, Racine et Molière :

Il préside à tous les traités,
Et si, pour éclairer l'histoire,
Tant de manuscrits sont restés,
Nous les devons à l'écritoire.

Ces couplets, signés de ma main,
Sont d'une insuffisance extrême,
Ah ! que ne suis je encor gamin,
Pour vous, ainsi que pour moi-même :
Je vous aurais bien mieux traités
A ce déjeûner dinatoire,
Car c'étaient alors des pâtés
Qui sortaient de mon écritoire.

E. DÉSAUGIERS,
Membre honoraire.

L'ENVELOPPE.

AIR *du Château perdu* ou *de l'Anonyme.*

Une enveloppe ! à ce mot, je m'écrie :
Un pareil thème exclut toute chanson !
Bientôt, pourtant, grâce à la rêverie
De mon sujet s'agrandit l'horizon.

Une enveloppe à chaque œuvre sur terre,
En en fixant la nature et l'objet,
Donne une forme, imprime un caractère
Par elle enfin l'édifice est complet.

Pour qu'un rameau, pour qu'un arbre grandisse
De son écorce il s'entoure avec soin ;
Pour que le fruit d'arôme se remplisse
D'une enveloppe il a surtout besoin.
L'automne vient ; de nos fécondes treilles
Nous exprimons le produit purpurin
Et nous donnons futailles et bouteilles
Pour enveloppe à ce nectar divin.

Obéissant aux lois de la nature,
L'oiseau revêt un plumage charmant ;
L'ours, la brebis, une épaisse fourrure,
Leur robe enfin est leur seul ornement.
L'homme, à son tour, bientôt se l'approprie
Et pour lutter contre les éléments,
Sait transformer, grâce à son industrie,
Leur enveloppe en riches vêtements.

Qu'on soit ministre ou bien homme d'église,
Ambassadeur, préfet ou général,
Dans chaque état un costume est de mise,
Ainsi le veut notre ordre social.
On prend, selon que le rôle l'exige,
Le frac, la toge ou l'habit d'apparat,

Et le talent voit doubler son prestige
Quand l'enveloppe en rehausse l'éclat.

Sous les habits d'une pauvre fillette
Jeanne eut en vain attiré les regards ;
Mais le secours d'une riche toilette
De la nature embellit les écarts.
Perles, rubans, velours, gaze, dentelle
Donnent le change à l'amour enchanté,
Le cœur s'y trompe... ô méprise cruelle !
Sans enveloppe où sera la beauté ?

Dans une lettre on met à nu son âme,
L'un lui confie et douleurs et regrets ;
L'autre y dépeint les ardeurs de sa flamme,
Ou de l'Etat lui livre les secrets.
Puis l'enveloppe, asile du mystère,
Au gré de ceux qui viennent la saisir,
Porte avec elle, habile messagère,
Joie ou fortune, amour, peine ou plaisir.

Admirez-vous cet hôtel si splendide !
D'un grand seigneur on le croit le séjour,
Détrompez-vous, c'est l'asile perfide
Où le banquier gagne et perd tour à tour.
Grâce à l'éclat du palais qu'il habite
Sans défiance arrive le prêteur,
Demain, peut-être, il aurait fait faillite ;
Mais l'enveloppe a sauvé son honneur.

Sur les rayons d'une bibliothèque,
Voyez, voyez, tous ces livres pressés,
J'y cherche en vain un Corneille, un Sénèque ;
Romans nouveaux seuls y sont entassés.
La reliure où l'or partout se pose
Leur vaut déjà bien des admirateurs,
Et l'enveloppe à défaut d'autre chose
Pourra peut-être illustrer leurs auteurs.

La Vérité s'en allait triste et nue,
On en eut peur et chacun de la fuir,
Lorsque soudain une belle inconnue
D'un léger voile osa la revêtir.
Depuis ce jour nous la trouvons aimable
Et son langage est alors écouté ;
Ton enveloppe, ô généreuse Fable,
A su nous faire aimer la Vérité.

En l'exilant du céleste domaine
Dieu fit que l'âme allât s'unir au corps
Et pour remplir leur destinée humaine
Ils vont tous deux combinant leurs efforts.
Le corps, hélas ! enveloppe éphémère
Bientôt périt... mais l'âme en l'habitant,
A pu du moins des trésors de la terre
Avec bonheur s'enivrer un instant !

AUGUSTE GIRAUD,
membre titulaire.

LA PELOTE.

AIR du *Verre*.

Aujourd'hui le joyeux caveau,
Rassemblé pour chanter et boire,
Des ustensiles de bureau
Dans ses couplets trace l'histoire ;
Le sujet qu'il me faut traiter
Sourit à mon humeur fallotte :
J'ai la pelote à vous chanter,
Je vais donc faire ma pelote.

De ce petit meuble, autrefois,
Grimace était le nom vulgaire ;
Le nom de *pelote* a, je crois,
Quelque chose de mieux pour plaire ;
Car près d'une jeune beauté
Qui sur son divan se dorlotte,
Par le diable je suis tenté
En lorgnant de près sa pelote.

J'eus besoin d'une épingle, un jour,
Et je fus trouver ma voisine

Dont la pelote faite au tour
Me semblait d'une peau très fine.
Je veux m'en saisir : halte-là !
Me dit la prudente Charlotte ;
L'épingle, Monsieur, prenez-la,
Mais sans toucher à la pelote.

Par sa forme et par sa couleur
Souvent la pelote varie ;
Celle de Lise a de l'ampleur,
Celle d'Hortense est moins nourrie ;
Or, pour faire un choix superfin,
Jeunes garçons, prenez-en note,
Il faut que le plus blanc satin
Couvre toujours une pelote.

J'aime ces sœurs de charité
Faites en pelotes gentilles :
Dans leurs côtes, sans cruauté,
On peut enfoncer des aiguilles ;
Je me crois même assez hardi
Pour voir d'une jeune dévote
Le sein vivant, bien arrondi,
Me servir ainsi de pelote.

Ecrit-on un tendre billet?
La pelote suivant l'usage,

6

Porte en ses flancs cire, cachet,
Tout ce qu'il faut pour un message ;
On y met des bijoux de prix,
Et Jenny, qui n'est pas manchotte,
Grâce à deux boutons en rubis,
Sait faire admirer sa pelote.

Si la pelote perd du poids
Lorsqu'elle s'use et dégénère,
Son volume augmente par fois,
D'une façon bien singulière :
La veille d'un accouchement,
Voyez la petite Javotte :
Certaine épingle, assurément,
Aura fait gonfler sa pelote.

De Rose le futur époux
Pour la pelote fait merveille,
Il ajoute encore aux bijoux
Force épingles dans la corbeille ;
Mais cette femme a peu d'appas,
Et lorsque le mari s'y frotte,
Il voit que le coton, hélas !
De Rose a rempli la pelote.

Ce meuble si frais, si joli,
Chez la lionne ou la tigresse,
N'est plus rien quand il a vieilli :
Il suit le sort de sa maîtresse.

Comme elle, il vient à se flétrir,
Et la vieille Eglé qui tremblotte
N'a qu'une grimace à m'offrir,
Hélas ! en guise de pelote.

La morale de mes couplets
A trouver n'est pas difficile :
Vos meubles seront incomplets
Sans ce précieux ustensile ;
Renouvelez-le fréquemment,
Car lorsqu'elle devient vieillotte
On n'a plus le moindre agrément
A se servir d'une pelote.

J. LAGARDE,
Membre titulaire.

LE CAOUTCHOUC.

AIR du *Méléagre champenois*.

Le caoutchouc est fort élastique ;
Le caoutchouc peut s'employer partout ;
Qu'on le rapporte au moral, au physique,
Le caoutchouc peut se prêter à tout !

O Caoutchouc, ô gomme sans pareille,
Ne trouve-t-on pas en toi le moyen
D'effacer tout un écrit de la veille,
Comprommettant le jour du lendemain ?

    Le caoutchouc, etc.

Grâces à toi, l'étincelle électrique,
En un clin-d'œil, fait du monde le tour,
La voyez-vous partir pour l'Amérique,
Le même instant annonce son retour.

    Le caoutchouc, etc.

Le parvenu, de fierté sans égale,
Et près duquel il faut s'humilier ;
Observez-le : son épine dorsale
Devant les grands va soudain se plier.

    Le caoutchouc, etc.

Là haut Thémis est toujours équitable ;
Mais ici-bas, déléguant son pouvoir,
« *Que vous soyez puissant* ou *misérable,*
« *Arrêts de cour vous rendront blanc ou noir !* »

    Le caoutchouc, etc.

L'homme d'État qu'on prend et qu'on délaisse,
Tout en tombant saura se raviser ;
C'est le ballon, joujou de la jeunesse,
Qui rebondit sans jamais se briser.

    Le caoutchouc, etc.

Qui n'a pas vu dans la même audience
Plaider le pour et le contre à la fois :
Puis l'avocat parler de conscience,
De son honneur et de sa bonne foi !
     Le caoutchouc, etc.

Pressez-vous bien, chez la jeune Sylvie,
Dans son réduit on se trouve à l'étroit..
Pour pénétrer on donnerait sa vie !
Et sans encombre on arrive tout droit.
     Le caoutchouc, etc.

En caoutchouc on fait plus d'une chose,
De toute forme et de toute longueur,
Vous dire quoi, je me tairai pour cause,
Vous connaissez tous, messieurs, ma pudeur.
     Le caoutchouc, etc.

En bons vivants, chantons à perdre haleine,
Rions, mangeons et buvons tour à tour !
Ne craignons pas d'enfler notre bedaine,
Rien n'en saurait limiter le contour.
     Le caoutchouc, etc.

Sur mon sujet, j'ai de toute ma force,
En tirant bien, tiré plus d'un couplet ;
Mais, entre nous, ce n'était qu'une amorce,
En me disant que mon sujet prêtait.

Le caoutchouc n'est pas élastique,
Le caoutchouc ne prête pas du tout,
Pour en finir le mettant en pratique,
De ma chanson il doit effacer tout.

> Alph. TOIRAC,
> Membre titulaire.

L'ÉPINGLE.

CONSEILS A UNE JEUNE FILLE.

AIR : *Dans un vieux château de l'Andalousie.*

Nanette, l'amour malgré la morale,
En votre corset, montre tous les jours
D'opulents jumeaux, dont une percale
Soulève et contient les charmants contours.
Sans vous transformer en une béguine,
Cachez quelque peu le fruit défendu.
La rose toujours garde son épine ;
Mettez une épingle à votre fichu.

Prenez garde à vous ! madame *Pimbêche*
Jette ses yeux gris de votre côté :
C'est une bavarde efflanquée et sèche,
Médisant de tout avec âcreté ;

Sa lèvre déjà s'allonge et se plisse,
Et jalouse enfin d'un sein si dodu,
Elle s'écriera ; *la belle nourrice*,
Mettez une épingle à votre fichu.

Quelqu'un gravement là-bas se promène :
C'est un gros béat aux dehors pieux.
Ah ! s'il vous voyait, fille trop mondaine,
Il se signerait en baissant les yeux ;
Sa vue et sa foi seraient offensées,
Et comme *Tartufe*, il dirait ému :
Cela fait venir de laides pensées,
Mettez une épingle à votre fichu.

Plus loin, de *Dorat* accourt un émule :
De son siècle, hélas ! poète incompris.
S'il vous aperçoit, son tic ridicule
Vous affublera du nom de *Chloris* ;
Les Grâces, Vénus et toute autre chose,
Vont papillonner dans son impromptu.
Pour vous préserver des vers à l'eau rose,
Mettez une épingle à votre fichu.

Qui vient lourdement à marche convexe ?
C'est un libertin, un fesse-mathieu.
Il suit la fortune, il suit le beau sexe,
Tranche du *Rothschild* et du *Richelieu*

Que votre pudeur reste sans alarmes.
Pour que ce satyre, au cœur corrompu,
N'aille au poids de l'or tarifer vos charmes,
Mettez une épingle à votre fichu.

Un jeune officier en grande tenue
S'approche... doublez aussitôt le pas,
Car sur vos attraits s'il jette la vue,
De mots égrillards je ne réponds pas.
Votre œil curieux pourtant le regarde ;
Craignez, bel enfant, son air résolu :
Il traite l'amour trop à la hussarde ;
Mettez une épingle à votre fichu.

Quoi ! vous rougissez, gentille Nanette,
Votre petit cœur, poussant des hélas,
Semble me montrer la pauvre toilette
Que veut écraser vos riches appas.
Très bien... je comprends: la bonne nature
En vous accordant un sein si cossu
Ne vous a donné que ça pour parure.....
Non ! ne mettez rien à votre fichu !

Justin CABASSOL,
Membre titulaire.

L'ENVELOPPE..

AIR : *Un homme pour faire un tableau.*

Le sort vous désigne un sujet
Et puis, pour compléter la fête,
On veut qu'un poëme complet
Sorte à l'instant de votre tête.
Est-il besoin pour fredonner,
D'être Apollon ou Caliope ?
Mon seul but serait de donner
Un cachet à mon enveloppe.

A sa mode, dans chaque état,
Chacun ou se couvre ou s'habille
La guérite est pour le soldat,
Le limaçon a sa coquille.
Les bosquets plaisent aux amants,
Le savetier a son échoppe,
Et des baigneurs un peu décents
Le caleçon est l'enveloppe.

Ernest est, dit-il, amoureux
D'une beauté tendre et naïve,
De ses transports et de ses feux
L'ardeur est chaque jour plus vive.
La belle, malgré son maintien,
Est loin d'être une Pénélope,
S'il en triomphe il fera bien
De prendre certaine enveloppe.

Mathurin est l'un des plus forts,
Parmi tous les forts de la Halle ;
Mais est-ce la forme du corps,
Qui donne la force morale ?
Il a d'un géant la hauteur,
Est effrayant comme un cyclope,
Mais un enfant lui ferait peur :
Ne jugeons pas à l'enveloppe.

Flore est charmante, j'en conviens ;
Mais son parfumeur, on l'assure,
A recours à mille moyens
Pour purifier sa nature.
Sa toilette, dans sa fraîcheur,
Sent le musc et l'héliotrope,
Mais pour rester en bonne odeur
Elle a besoin d'une enveloppe.

Les gens du monde ou les savants
S'intéressent fort aux planètes,
L'astronomie a, de tout temps,
L'art de faire tourner les têtes.
Malgré le plus vaste savoir,
Même avec un bon télescope,
La lune est difficile à voir
Quand le moindre objet l'enveloppe.

Maintenant, tous nos jouvenceaux.
Croyant retremper leur nature,
Veulent, du roi des animaux,
Prendre le nom et la figure.
Ils devraient, dans l'occasion,
Comme Jupin avec Europe,
Au lieu de singer le lion
Du taureau prendre l'enveloppe.

Voyez-vous ce vieux général
Aux noirs sourcils, au front sévère,
A la voix rude, au ton brutal.
Un rien excite sa colère.
On ne l'aborde qu'en tremblant,
Il a l'humeur d'un misanthrope,
Mais il porte un cœur excellent
Sous cette farouche enveloppe.

Paul aura cinquante ans demain
Et grande fortune en partage
Aussi veut-il offrir sa main
A fille jeune, aimable et sage.
Mais en dépit de ses écus
Lorsqu'on a les formes d'Esope,
Pour n'être pas dans les... déçus
Il faudrait changer d'enveloppe.

Plein d'une fraternelle ardeur,
Marcel que nul refus n'arrête,
Pour venir en aide au malheur
S'en va partout faisant la quête.
Du pauvre il est, dit-il, l'appui ;
Mais est-il vraiment philanthrope?
Avec l'enveloppe d'autrui
Il sait se faire une enveloppe.

La politique, de nos jours,
A fait bien des métamorphoses
Et l'on devient, sans longs détours,
L'avocat de toutes les causes.
Pour ne pas rester en chemin,
Fiez vous à cet horoscope,
Il faut toujours d'un arlequin
Savoir conserver l'enveloppe.

Afin de découvrir l'esprit
Que j'ai mis dans mon enveloppe,
En chanson, sans être érudit,
Il faudrait un bon microscope.
Vainement on y cherchera
L'attrait du kaléïdoscope
Avec adresse il me faudra
La tenir sous une enveloppe.

AUGUSTE GIRAUD,
membre titulaire.

L'ENCRE.

AIR de la valse *des Comédiens.*

Quand je voudrais d'un nectar délectable
Verser les flots, avec vous, jusqu'au soir,
Il faut, hélas! pour vous être agréable,
Que je m'amuse... à vous broyer du noir.

Faites des vœux pour que mon écritoire
Et mon esprit ne soient pas trop à sec;
L'*encre* est, du reste, un sujet méritoire;
On écrit *sur*, et l'on écrit *avec*.

7

Son alliance est intime et solide
Avec la plume, et produit d'heureux fruits...
L'encre, montrant l'encrier syphoïde.
Dit à la plume : « Allez voir si j'y suis ! »

Quant aux emplois divers qu'on peut en faire,
Pire ou meilleur, mauvais, passable ou bon,
Cela dépend beaucoup de la manière
De s'en servir... suivant le vieux dicton.

Cette liqueur, que notre plume épanche,
Comme le style, a toutes les couleurs ;
Avec une encre excessivement blanche
On peut fort bien écrire des *noirceurs*.

La *rouge* sied au ton de la satyre ;
La *bleue* est chère aux tendres souvenirs ;
La *verte* peint un amoureux martyre,
La *noire* sert au commun des martyrs.

Veut-on flatter une jeune première ?
On lui dira : « Vous avez des cheveux,
« Et, qui plus est, l'arcade sourcilière
« Noirs comme l'encre ou comme vos beaux yeux ! »

Pour ces billets où ton amour s'explique
Si tendrement, mon Élise, entends-tu ?

Ton doux babil veut l'*encre sympathique,*
Ou, mieux encore, la *petite vertu.*

Mais garde-toi, fillette adroite et fine,
De ton argus... songe au vieux *Bartholo !*
La tache d'encre, à l'index de *Rosine,*
Fit échouer le plan de *Figaro* (1).

Ce que l'on trouve au fond d'une bouteille
D'encre remplie, Alphonse Karr l'a dit :
C'est dix romans... et, plus grande merveille,
Il en tira moins d'encre que d'esprit (2).

On lui connaît deux vertus domestiques ;
Pour la brûlure elle vaut un onguent ;
Et, pour marquer notre linge, on applique,
Sans rien brûler, son acide mordant.

L'encre de Chine aussi vaut qu'on l'admire
Pour la peinture... Ah ! tristement je vois
Comme à Pékin, dans le céleste Empire,
En ce moment se *peignent* les Chinois (3).

(1) Scène du *Barbier de Séville.*

(2) *Ce qu'il y a dans une bouteille d'encre,* titre d'une série
de romans d'Alph. Karr.

(3) Insurrection en Chine, 1853.

Mais c'est surtout l'*encre d'imprimerie*
A qui l'on doit des hymnes solennels ;
En conservant les œuvres du génie
Elle a rendu bien des morts immortels.

Convenons-en, quand le maréchal d'Ancre,
De Thou, Cinq-Mars, Montmorency, Chalais,
Sont immolés... on doit regretter l'encre
Qui parapha ces sinistres décrets.

O rois, songez qu'une auguste clémence
Est le plus beau de tous vos attributs ;
Le droit de grâce use de préférence
D'encre bleu tendre et de papier *jésus*.

Mais finissons ; amis, je jette l'ancre
Sur votre bord, et je pense, entre nous,
Que notre chef m'écrirait de bonne encre,
Si je manquais à ce gai rendez-vous.

Je m'assieds donc, craignant un seul reproche !
De ma chanson votre goût peu flatté
Va l'appeler peut-être UNE BRIOCHE ;
Signons toujours... bon ! j'ai fait un pâté !

FOURNIER,
Membre titulaire.

LA RÈGLE.

AIR de l'*Auteur des Paroles.*

L'horizon
De l'oison
Ne peut suffire au vol de l'aigle :
Au vulgaire à subir
La règle,
Au génie à s'en affranchir !

Je sais (loin de nous tout vent d'hérésie)
Qu'il faut par des lois nous discipliner,
Et qu'en tout : beaux-arts, culte, poésie,
Quand la règle ordonne on doit s'incliner...
Mais vienne un mortel que Dieu fait auguste :
S'il est à l'étroit alors qu'il surgit,
Son génie ardent bouillonne et rugit,
Et fait éclater son lit de Procuste.
      L'horizon, etc.

Quoique bien souvent la muse tremblote,
J'aime les leçons du docte Boileau ;
Flaccus me ravit, et maître Aristote
Dans notre âge encor luit comme un flambeau...

Mais, guidés par eux, hélas! j'imagine
Qu'aux cieux brillerait d'un bien pâle éclair,
Votre étoile, Hugo, Shakspeare et Schiller,
Le Dante, Byron, Gœthe et Lamartine...
      L'horizon, etc.

Si l'arrêt lancé par mainte momie
A vu s'accomplir son terrible effet :
Si vraiment, pour l'art, sans l'Académie,
Vitruve ou Reicha, du beau c'en est fait,
Renverse, Perrault, ta double colonne ;
Toi, Buonarotti, ton dôme immortel ;
Brûle, Rossini, ton *Guillaume Tell ;*
Voile, Delacroix, ton *Dieu* qui rayonne !
      L'horizon, etc.

Les restaurateurs de la discipline
Pour leur ordre étaient de maigres Kisbecks :
Raves et pain noir, pour toute cuisine,
Les jours de gala délectaient leurs becs...
Évêques du jour qui tonnez en chaire,
Vous nous vantez fort leurs tristes ragoûts ;
Mais, dites, pourquoi vous abstenez-vous
D'un menu pareil arrosé d'eau claire ?...
      L'horizon, etc.

Le Code pénal, qui sur la richesse,
Sur l'ordre et les mœurs veille, Dieu merci,

Peuple des bas-fonds de l'humaine espèce
Brest et Rochefort, Clairvaux et Poissy...
Pour les grands parfois la loi s'humanise ;
C'est comme un filet qu'on tend au gibier :
Les vils passereaux sont pris ; l'épervier
S'échappe à travers les mailles qu'il brise...
   L'horizon, etc.

Il faut qu'un guerrier, pour que la sagesse
Tempère en son cœur l'ardeur du lion,
Médite souvent le Romain Végèce,
Montecuculli, Feuquières, Léon :
De tous ces messieurs la tactique est bonne ;
Mais Napoléon, par eux garrotté,
Couverait encor votre œuf avorté,
Toulon, Austerlitz, Iéna, Ratisbonne !...
   L'horizon, etc.

Ces élus fameux, qui de toute chaîne,
Grâce à leur génie, ont pu s'affranchir,
L'espèce en est rare, et le monde à peine
En voit dans un siècle un seul resplendir :
Mais dans cet or pur les gros sous se glissent ;
Et nous entendons presque incessamment
Un tas de baudets dire effrontément
A plus baudets qu'eux qui les applaudissent

L'horizon
De l'oison
Ne peut suffire au vol de l'aigle :
Au vulgaire à subir
La règle,
Au génie à s'en affranchir !

VIGNON,
Ancien membre du Caveau.

MON PORTEFEUILLE.

AIR de la *Petite Margot.*

Mon portefeuille,
A chaque feuille,
Est de ma vie un souvenir complet :
Biographie,
Où la folie
A maint endroit a marqué son cachet.
J'y vois partout le nom du premier ange,
Dont les beaux yeux sur moi se sont baissés,
Roman d'amour et bonheur sans mélange
Trop tôt finis... et trop tard commencés !

J'y trouve Adèle ..
Presque fidèle ;
Angélina charmante d'enjouement ;
La jeune Claire,
Humble ouvrière,
Menant de front travail et sentiment.
J'y revois Rose et si bonne et si franche,
La douce Emma n'ayant aucuns vouloirs ;
La prude Esther, et la coquette Blanche
Qui, faite au tour... m'en a fait d'assez noirs !

Sur tes tablettes,
Combien de fêtes !
Les bals masqués, les ambigus joyeux,
Les gaudrioles,
Les danses folles
Etaient alors et mon culte et mes dieux.
Que de moments floués au *ministère*,
Dont le plaisir seul a fait tous les frais,
Mais là-dessus il faut savoir se taire,
Quand *à la Guerre* ... on veut rester en paix.

Sur mainte page,
Où je m'engage,
Que d'amitiés aux reflets incertains !
Fausses caresses,
Fausses promesses,
Et des faveurs.. en faveur de crétins !

Près d'un service une indélicatesse,
Des calembourgs sur de graves sujets ;
Non loin de là des projets de sagesse
Restés longtemps à l'état de projets !

Lorsque je t'ouvre,
Mon œil découvre
Les premiers chants qu'enfanta mon cerveau ;
Ma joie éclate
Devant la date
De mon entrée au lyrique Caveau.
De tous les miens que j'aime et que j'estime,
Des amis sûrs, par le temps éprouvés,
Comme en mon cœur, dans ce journal intime,
Les noms bien chers... les noms y sont gravés.

Mon portefeuille,
Si l'on m'accueille,
Ce n'est pas grâce à tes nombreux coupons :
Car tes pochettes,
Sans nulles traites,
Ont pour valeur des titres... de chansons.
Plus d'une fois. sous ta robe discrète,
Après des jours trop richement fêtés,
Sous des billets, au parfum de lorette,
Tu renfermas .. des billets protestés.

Temps d'inconstance,
D'insouciance,

Où ma gaîté brilla d'un large essor,
Tu me rappelles
Les nuits si belles,
Où, sans argent, j'avais des rêves d'or !
Quand des Anglais je narguais les déboires,
Cher portefeuille, en ta rotondité,
Pour moi, tu fus un temple... *de mémoires*
Qui me valut... quelque célébrité.

Je viens de lire,
Non sans sourire,
De mes erreurs le long règne a cessé ;
A la mairie,
Je me marie...
En divorçant avec tout mon passé.
Ma légitime a gentil caractère,
Soir et matin, j'en suis goûté; choyé ;
Et c'est écrit je suis heureux sur terre
Comme peut l'être un homme marié !

Mon portefeuille,
A chaque feuille,
Est de ma vie un souvenir complet ;
Biographie,
Où la folie
En maint endroit a marqué son cachet.

POINCLOUD,
Membre titulaire.

LE CACHET.

AIR *des Comédiens* ou *d'Octavie.*

Sous mille aspects l'usage me transforme
Pour obtenir le même résultat,
Et je tiens clos, quelle que soit ma forme,
Billet d'amour ou secret de l'Etat.

L'industriel sur sa correspondance
Applique un sceau, dont la dimension
Frappe les yeux, et montre en évidence
Son nom, sa rue, et sa profession.

Armes d'azur ou couronnes ducales,
Riche attribut de sa noble maison,
Mis au dessus de ses initiales,
Du grand seigneur rappellent le blason.

Plus d'un dandy singe le gentilhomme,
Et de sa bague appose le chaton,
Quand il répond au tailleur économe,
Qui s'est servi d'un moule de bouton.

Lorsque le peuple a détruit les Bastilles
Où tant de honte à l'ombre se cachait,

Il a brisé, pour l'honneur des familles,
Le scel fatal des lettres de cachet.

Mainte lorette, oubliant qu'elle même
N'est qu'inconstance et que légèreté,
Sur son cachet grave un chien, cet emblème
De dévouement et de fidélité !

En expédients la grisette fertile
Avec son dé ferme plus d'un billet,
Dans l'orthographe, et l'empreinte, et le style,
On a bientôt reconnu son cachet.

Du tourlourou cette fidèle amie
La cuisinière, en lui peignant ses feux,
De son gros pouce écrase un peu de mie,
Et de son cœur scelle ainsi les aveux.

Quand à l'amour jeune fille succombe,
Et qu'elle écrit son premier billet doux,
Sur cire blanche une frêle colombe
Chante pour nous l'heure du rendez-vous.

Sur son cachet parfois un philanthrope
Prend pour devise « Amitié... dévouement ! »
On s'aperçoit, en brisant l'enveloppe,
Que la devise est là pour l'ornement !

8

Plus d'un héros, après une victoire,
Sur le tambour qui lui sert de bureau,
Pour cacheter un bulletin de gloire
De son épée employa le pommeau.

Quand on reçoit une lettre que ferme
Pour tout cachet, l'empreinte d'une clé,
On doit penser que ce qu'elle renferme,
Evidemment n'a rien de bien..... celé !

Sous mille aspects l'usage me transforme
Pour obtenir le même résultat,
Et je tiens clos, quelle que soit ma forme,
Billets d'amour ou secret de l'Etat.

LOUIS PROTAT,
membre titulaire.

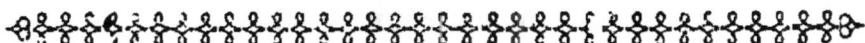

LE PAPIER.

AIR du vaudeville de *l'Étude.*

J'aurais vraiment tort de me plaindre,
Et je prends gaîment mon parti ;
Car, entre nous je pouvais craindre
De me voir bien plus mal loti.

Je sens ma verve qui s'allume :
Docile au vœu du chansonnier,
Allons ! promène-toi, ma plume,
Promène-toi sur le *papier !*

Ah ! pour dire tout son mérite,
Que n'ai-je un talent sans défaut !
Mais, selon notre joyeux rite,
Ce sont des couplets qu'il vous faut.
Pour ce doux compagnon d'étude,
J'écris, sans me faire prier ;
Qui peut charmer ma solitude,
Si ce n'est l'encre et le *papier ?*

Malgré sa modeste origine,
Au papier chacun a recours ;
Et qui n'aurait l'âme chagrine,
Privé de son heureux concours?...
Si, couvert de méchantes rimes,
Il décèle un pauvre écolier,
Combien de poèmes sublimes
Furent transmis par le *papier !*

Par lui, que de chansons charmantes
Ont bravé l'outrage du temps !
Combien d'amants, combien d'amantes
Lui doivent leurs plus doux instants !

Sa feuille, au plus ardent délire,
Offre un asile hospitalier,
Et, ce qu'on n'oserait pas dire,
On l'exprime sur le *papier* !

Du papier quelle est la puissance !
Il sert au commerce, aux beaux-arts :
Sans lui, pas de *reconnaissance ;*
Sans lui, mille fâcheux retards.
A tous les besoins de la vie,
Sans peine on le voit se plier ;
A–t–on... n'importe quelle envie ?
Bien vite on cherche du *papier !*

Un papier de certaine espèce
Ici bas met tout en émoi,
Et par malheur, je le confesse,
Il est assez rare chez moi.
Sûr que jamais rien ne lui manque,
Trop heureux le riche héritier
Qui compte ses billets de banque;
Car c'est là le meilleur *papier !*

Combien de choses étonnantes
Chaque jour frappent tous les yeux !
On doute des tables tournantes
Et des rapports mystérieux !...

A ce scepticisme blâmable
Je suis loin de m'associer :
On peut voir *tourner... une table*,
Quand on voit *boire... du papier !*

Un prince, conduit par le maire (1),
Parcourait un étroit chemin
Orné... de maint factionnaire,
Qui ne sentait pas le jasmin.
Or, l'embarras n'était pas mince,
Et le maire de s'écrier :
Qu'on enlève !... Non, dit le prince ;
Regardez... tous ont *leur papier !*

Mais vous savez que, dans ce monde,
Chaque médaille a son revers :
Tout près du bien le mal abonde ;
Et je devrais brûler mes vers !
Du papier, quand je fais l'éloge,
Dans la cour j'aperçois l'huissier
Qui, du concierge ouvrant la loge,
Pour moi laisse *un vilain papier !*

Nous sommes, malheureux poètes,
Souvent victimes de nos goûts ;
Même en débitant des sornettes,
On se fait parfois des jaloux :

(1) Historique.

Et lorsqu'à rimer je m'applique,
Pour payer ici mon denier,
Je vois l'ongle de la critique
Prêt à déchirer *mon papier !*

Paul VAN-CLEEMPUTTE,
Membre titulaire.

LE CASIER.

AIR *des Comédiens*, ou de la *Petite Margot.*

O mon casier dans les jours de souffrance,
Tu sais toujours répandre sur mon cœur
Du souvenir la divine influence,
Et m'apporter un rêve de bonheur.

Salut à vous, temps heureux du jeune âge,
Je vous retrouve en ce poudreux carton.
Salut printemps où l'on est assez sage
Pour ignorer la voix de la raison.

Ouvrons, ouvrons la liasse jaunie,
Où je relis les serments des amours,
Serments qu'on fait une fois dans la vie
Alors qu'on croit devoir aimer toujours.

Ici, que vois-je ? une rose fanée,
Puis un ruban nouant de blonds cheveux,
Doux talisman qui, pendant une année,
Du collégien fit un reclus heureux.

Étudiant je retrouve mon type
Dans le rayon que j'examine là,
Ce vieux carton qui sent encor la pipe,
Soupire un nom... celui de Paméla.

De Paméla ! fringante bayadère
Dont le plaisir et l'appétit gloutons
Me dévorait en un jour de Chaumière
L'argent donné pour mes inscriptions.

Sous ces papiers je découvre la note
Du restaurant qui vit notre union,
Se cimenter devant la matelotte...
Les *Maronniers* (1) étaient sa passion.

Là le Champagne éloignant ses alarmes,
Sut dans ses flots préparer mon pardon...
De son corset qui craquait sous ses charmes,
Je pus enfin dénouer le cordon.

O Paméla ! par toi j'appris encore,
Que la beauté peut souvent en un mois,

(1) Restaurant de Bercy réputé pour ses matelottes.

Passer d'Arthur, d'Eugène à Théodore,
Ou faire aussi... trois heureux à la fois.

Là, mes vingt ans ont marqué leur passage
Quand je traçai, beaux de naïveté,
En invoquant Rome, Sparte, Carthage,
Cent vers boiteux chantant la liberté.

Voici ma thèse, et déjà sous ma toque
Je sens germer un affreux cheveu blanc,
Et la folie, hélas! qu'en vain j'invoque,
Semble mourir dans un dernier cancan.

Arrêtons-nous, car je vois la sagesse,
Reine inconnue au beau pays latin,
Saisir la coupe où je puisais l'ivresse,
Et d'un doigt d'eau venir couper mon vin.

Que trouverai-je en cherchant davantage,
Dans ces cartons ouverts étourdiment ?
Bien des projets... beaucoup de griffonnage,
De froids calculs... enfin... mon testament.

Mais éloignons cette lugubre page !
Ah ! ravivons tout plaisir effacé,
Et sachons dire à l'automne de l'âge,
Nous réchauffant au printemps du passé :

O mon casier dans les jours de souffrance,
Tu sais toujours répandre sur mon cœur
Du souvenir la divine influence
Et m'apporter un rêve de bonheur !

MAHIET DE LA CHESNERAYE,
Membre associé.

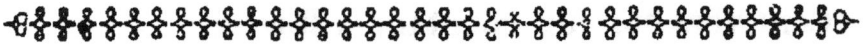

LE COMPAS.

AIR du vaudeville *de l'Etude.*

A me vexer le sort s'applique,
Vous m'en voyez désespéré ;
Car je suis, de l'arithmétique
L'ennemi le plus déclaré.
Le carré de l'hypothénuse
Pour mon cœur n'eut jamais d'appas ;
Comment voulez-vous que ma muse.
Vienne ici chanter le compas ?

Maudit parrain de la série,
Grâce à qui m'est échu ce mot,
Tu dois être en géométrie
Grand professeur... ou peu s'en faut.

Mais quand tu serais passé maître
Vois-tu, je ne m'en dedis pas ,
Quelque part je voudrais te mettre
Les deux pointes de mon compas.

A l'ignorance qui s'étonne
Coppernick cherche à démontrer
Qu'autour du soleil qui rayonne
La terre est un an pour virer.
Avec vous lorsque je séjourne,
A la fin d'un joyeux repas ;
Pour me convaincre que tout tourne,
On n'a pas besoin de compas.

Archimède en son aptitude,|
Meurt ses instruments à la main ;
Newton absorbé par l'étude,
Dans son cœur n'a plus rien d'humain.
Tout en admirant leur génie
Je préfère un obscur trépas,
Avec l'amour et la folie
Qu'entre l'équerre et le compas.

Et cependant lorsque je pense
Que grâce à mon esprit brouillon,
Dans mainte et mainte circonstance
J'ai bu plus d'un amer bouillon ;

Je conclus de ce qui m'arrive
Qu'il nous faut en de nombreux cas,
Pour que rien n'aille à la dérive
Et la mesure et le compas.

L'humanité, pauvre misère,
Roule en un cercle vicieux,
L'extrémité touche à la terre,
Le centre se perd dans les cieux.
Et pour régler notre existence
Pendant le séjour d'ici-bas;
Le créateur dans sa puissance
N'a jamais besoin de compas.

Stéphen DUPLAN,
membre titulaire.

LA PANCARTE.

AIR : *Et voilà comme tout s'arrange.*

En me recevant parmi vous,
Vous aviez comblé mon attente ;

Et j'espérais voir entre nous
Pour longtemps une heureuse entente.

De ce doux et touchant accord,
Je vois que déjà l'on s'écarte
En me forçant de prime-abord,
Sur un ton, plus ou moins discord,
A chanter ici la *pancarte*.

Ce sujet, dont la pauvreté
De chacun de vous est comprise,
A ma tabatière a coûté
Jusques à sa dernière prise.
Mon cerveau manquant d'aliment,
J'allais bientôt perdre la carte
Quand par bonheur j'eus l'agrément
De reprendre assez promptement
Les grains épars sur ma *pancarte*.

Saississant alors mon crayon,
Un doux espoir vient me séduire ;
Mais la rime, à l'inaction,
Menace encor de me réduire.
Pas un seul mot n'est opportun.
Je trouve *tarte, charte, Parthe.*
Or, je le demande à chacun,
Ces mots ont-ils le sens commun
Quand on doit chanter la *pancarte?*

Enfin, tout près d'abandonner
Le mot qui me cassait la tête,

Je me mis à le raisonner,
Et désormais rien ne m'arrête.
Oui ! je crois que d'un érudit,
Sans que du bon sens on s'écarte,
On peut, mettant tout à profit,
Juger et le cœur et l'esprit
Par l'examen de sa *pancarte*.

Celui que l'on voit si soigneux
D'y serrer ce qui l'embarrasse,
Et qui se montre soucieux
D'y voir chaque chose à sa place,
C'est l'homme d'ordre et sérieux
Qui jamais d'un pas ne s'écarte ;
Ses goûts ponctuels, minutieux,
Se décèlent à tous les yeux
Quand on regarde sa *pancarte*.

· L'homme à l'esprit aventureux
Est précisément le contraire :
C'est un brouillon, très peu soigneux.
Toujours cherchant, toujours colère.
Maints bons hommes, sur son dossier
S'escriment, de tierce et de quarte.
Son esprit pointu, tracassier,
Peut aisément s'apprécier,
Il est empreint sur sa *pancarte*.

9

Le poète, non moins brouillon,
De tous côtés jette un distique ;
Et dans ce vaste tourbillon
Puise une rime fantastique.
Les vers célébrant les hauts faits
De César ou de Bonaparte,
Ses plus agréables couplets,
Odes, charades ou sonnets,
Ont eu pour berceau sa *pancarte*.

Messieurs, pour ma pauvre chanson,
Maintenant je demande grâce.
J'ai voulu payer ma rançon,
Rencontrerais-je une disgrâce ?
Je ne pouvais, hors de propos.
Vous parler de Rome ou de Sparte.
Si vous voulez me voir dispos,
Accordez-moi de meilleurs mots,
Mais n'abîmez pas ma *pancarte*.

GUILLOIS,
Membre associé.

TABLE DES MATIÈRES.

Paris. — Typ. et Lith. AFFERT FILS ET VAVASSEUR, passage du Caire, 54